BALZAC

PROPRIÉTAIRE

EN PRÉPARATION

DOCUMENTS POUR SERVIR A LA BIOGRAPHIE DE BALZAC

Ces notes et récits, qui paraîtront à intervalles irréguliers, seront ornés de vignettes, autographes, portraits destinés à élucider la vie et l'œuvre du romancier. Ils seront tirés à 150 exemplaires dans ce même format.

CHAMPFLEURY

DOCUMENTS POUR SERVIR A LA BIOGRAPHIE DE BALZAC

I

BALZAC

PROPRIÉTAIRE

AVEC PLAN DES JARDIES ET AUTOGRAPHE

PARIS

1875

BALZAC
PROPRIÉTAIRE

I

A l'automne, quand les éclaircies percent le feuillage des arbres, à l'heure où la nature devient mélancolique et rousse, on aperçoit de la gare de Ville-d'Avray, dans le bas-fond qui fait face, une maison portant un buste à son fronton.

Ce fut en 1838 l'habitation de l'auteur de la *Comédie humaine*, la maison de campagne-légende, l'événement du jour à Tortoni et au café Anglais, un thème d'articles faciles, une sorte de Folie-Balzac qui faisait oublier toutes les excentricités précédentes du romancier.

L'endroit était pourtant bien choisi ; mais à cette époque la classe bourgeoise n'avait pas converti les coteaux des environs de Paris en ceinture de petites villas et l'imagination des lecteurs de petits journaux travaillait, éperonnée par les aspirations toujours singulières en apparence de Balzac.

Grand secoueur de projets, grand promeneur de sa personne enfiévrée par les travaux nocturnes, le romancier avait flairé, à l'extrémité de Sèvres, le territoire du Poirier-de-Cloche et ses dépendances, les Jardy et les Prés Verdy, plus verts encore qu'aujourd'hui. C'était alors sur ce versant une débauche de verdure et de feuillage, alternés par des vignes, des clos et des vergers.

Des hauteurs s'étageait jusqu'à la route un terrain avec une bicoque au milieu qu'habitait un tisserand. Balzac jeta un regard profond sur ce terrain et se dit :
— Ceci m'appartiendra.

Sans doute, le coin lui parut bon pour voir travailler la nature et rafraîchir par son enfantement incessant ses yeux blasés par l'étude des drames bourgeois. Balzac, en même temps qu'il cultiverait son champ d'études de mœurs, verrait pousser de l'herbe. Les oreilles lui tintaient des récriminations de ses créanciers ; il entendrait à son réveil le chant des oiseaux. Plus de cages de plâtre, plus de tuyaux de cheminée, plus d'odeurs de la grande ville ! Une maisonnette en plein champ, le feuillage remuant des arbres, l'air de la campagne transportaient d'aise ce grand enfant, naïf comme tous les laboureurs de la pensée.

Avant de dire quel singulier système employa Balzac pour réaliser sa fantaisie, il est utile de décrire l'aspect actuel de la propriété.

En faisant le tour du Poirier-de-Cloche on trouve, parallèlement à la station du chemin de fer, la rue du Chemin-Vert, au milieu de laquelle deux propriétés portent les numéros 16 et 18; de 1838 à 1842, elles n'en formaient qu'une, celle à laquelle Balzac appliqua la dénomination plus euphonique des Jardies. (Les anciens actes portent *Jardy*.)

Le terrain, dont Balzac avait eu tant de peine à assembler les parcelles, a été de nouveau coupé en deux portions; des constructions adjacentes, des plantations et des embellissements exécutés du vivant du romancier, il ne reste que les quatre murs de l'ancienne maison que le propriétaire a décorée du buste de Balzac.

Ce fut en quittant la rue de Provence, son dernier logement parisien, que le romancier réalisa un vœu cher à toute sa vie, celui de posséder un immeuble et de s'intituler *propriétaire*. Je ne lui donne pas ce titre à plaisir ; dans la rédaction des divers actes d'achats de terrains, Balzac ne manque pas de se qualifier de la sorte.

Quoique le journalisme parisien de cette époque ne comportât ni chroniqueurs ni reporters, l'achat des terrains de Ville-d'Avray prit de colossales proportions au boulevard, et le romancier ne fit rien pour les rabattre à leur valeur modeste, car toute publicité même hostile, le grand homme savait qu'elle tourne au profit de la réputation.

Les maçons avaient à peine orné le toît de leur traditionnel bouquet, que Balzac engagea à venir pendre la crémaillère aux Jardies toutes sortes de gens d'affaire et d'esprit qui gravitaient autour de lui :

Dutacq, Léon Gozlan, Lassailly, Gérard, Laurent Jan, Gavarni, Ourliac, etc. Autant de trompettes qui sonneraient des fanfares diverses en revenant à Paris.

Des propos de ce groupe railleur et sceptique qui s'est fondu dans la personnalité des *Lousteau*, des *Bixiou* de la *Comédie humaine*, Balzac se préoccupait médiocrement.

Léon Gozlan a relaté divers détails burlesques sur la propriété, en enchérissant encore avec sa nature marseillaise sur les imaginations déjà suffisamment touffues du Tourangeau ; et il semblerait qu'il ne reste aucun épi à glaner dans le champ légendaire des Jardies si la réalité n'offrait des horizons plus fantastiques que l'invention.

En faisant le tour de la propriété de Balzac, j'ai souvent songé combien, derrière les quatre murs de la maison, de feuillets avaient été noircis. Les livres qui en résultèrent, chacun les connaît. Sur ces drames on a tout dit ; ils sont aujourd'hui classés à leur rang, et ce serait œuvre de pédant ou d'ingénu que de prétendre les faire admirer ou en montrer les défauts.

Mes pélerinages au Poirier-de-Cloche, les petits sentiers que je suivais, posant peut-être le pied à l'endroit même où Balzac avait posé son pied, me donnaient de réconfortantes émotions; mais je voulais des documents plus nouveaux, plus intimes.

C'est d'après des minutes de notaire, laborieusement compulsées par M. Eudore Soulié, que certains faits nouveaux ont pu grossir le petit nombre de renseignements biographiques concernant Molière. Le souvenir de ces découvertes me conduisit chez le notaire de Sèvres et bien m'en prit. Non-seulement là sont classés les contrats des diverses ventes de terrains faites à Balzac, mais le titulaire actuel, M. Ménager, assista jadis, en qualité de maître-clerc, à la rédaction de ces actes et il lui est resté dans l'esprit le souvenir d'un acquéreur bizarre, tel qu'il s'en présente rarement dans les études de notaires.

L'honorable officier ministériel que j'interrogeai se montra d'une obligeance parfaite, et les faits qu'il me conta appartenaient tellement à la classe des choses étranges que, pour bien préciser les détails, j'en pris note aussitôt après avoir quitté l'étude. On aura, dans le récit qui suit, une sorte de déposition sténographiée pour l'éclaircissement de la façon d'agir du romancier dans la vie.

— J'étais alors maître-clerc dans l'étude de mon frère, me dit M. Ménager, lorsque je fus chargé de rédiger une transaction passée entre le tisserand Varlet et un acquéreur qu'il amenait dans mon cabinet. Les deux parties s'étaient entendues avant de se présenter devant moi, et le prix d'achat du terrain de Varlet était fixé à quatre mille cinq cents francs. — « Cependant, dit l'acquéreur pendant que je prenais mes notes, vous aurez à inscrire, monsieur, que je ne veux pas de toute la propriété. » Le vendeur se récria et répliqua qu'il entendait céder la totalité de son terrain. — Cela m'entraînerait plus loin que je ne souhaite, reprit l'acquéreur; il faudrait plusieurs jardiniers pour entretenir la propriété... Je ne veux qu'une maisonnette et un peu de terre... Le tout est trop grand pour moi. — Je vends tout ou rien, s'écria Varlet. — Moi, je ne veux pas du tout, répliqua l'acheteur... Qu'importe d'ailleurs à ce brave homme si je lui paie le prix convenu !... Je lui laisse le reste.

— Evidemment, ajouta M. Ménager, les parties ne s'entendaient pas sur ce point et moi-même je n'arrivai à comprendre la bizarrerie de l'acquéreur que quand il revînt à la charge. — « Je ne veux pas du tout, disait-il. Varlet m'en demande quatre mille cinq cents francs. . Je les lui paie... Qu'il fasse du reste ce que bon lui semblera...! Aussi bien, il me tient et me vendra fort cher le lopin de terre que je lui abandonne, si j'en ai besoin plus tard. » Le tisserand finit par comprendre, avec une certaine peine, et moi-même je trouvai le procédé inusité; mais comme je n'avais pas à m'opposer aux volontés de l'acheteur, je notai la portion du terrain dont il entendait se débarrasser et, mon travail terminé, je priai cet homme bizarre de me donner son nom. —Je vais l'écrire moi-même, » dit-il, et il signa au bas de l'acte : *H. de Balzac.* — Voilà, ajouta-t-il, une signature qu'on viendra plus d'une fois consulter dans votre étude. »

II

Il est des gens dont les tribunaux prononcent l'interdiction qui ne commettent pas d'actes plus étranges. A qui ne viendrait le raisonnement que Balzac qui, au début de son installation aux Jardies, ne voulait pas de l'ensemble de la propriété, n'avait qu'à revendre, à séparer par une haie ou laisser en jachère au besoin le surplus qui le gênait dans ses combinaisons. L'être le moins pratique en achat de terrains eût agi de la sorte.

Un an ne s'était pas écoulé d'ailleurs que Balzac rachetait à son vendeur la

part qu'il lui avait abandonnée si gratuitement.

Dieu sait si cette vente émut le pays et combien la chance de Varlet fut enviée. Un maniaque, un homme qui faisait des livres, plantait sa tente dans le Poirier-de-Cloche et, pour commencer, jetait une portion de son terrain par la fenêtre. Tout cela indiquait un homme précieux, un bourgeois cossu à surveiller.

Deux êtres durent faire des rêves d'or cette année-là, Varlet qui tenait dans ses filets un gros monsieur et le vigneron Lécuyer, dont l'enclave déshonorait la régularité des Jardies comme un gâteau auquel on enlèverait une tranche avant de le servir au dessert.

Tous les riverains, tous les attenants

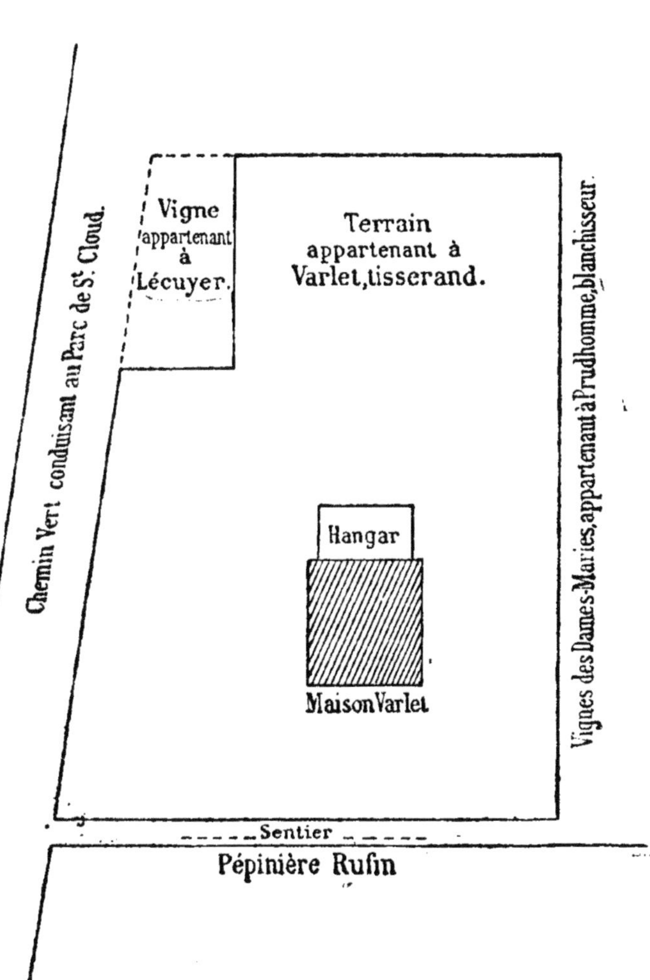
Vigne
appartenant
à
Lécuyer.
Terrain
appartenant à
Varlet, tisserand.
Chemin Vert conduisant au Parc de St. Cloud.
Vignes des Dames-Maries, appartenant à Prudhomme, blanchisseur.
Hangar
Maison Varlet
Sentier
Pépinière Rufin

de la propriété si follement achetée se regardèrent avec des clignements d'yeux de banlieue : Prudhomme, le blanchisseur ; Ruffin, le pépiniériste ; Varlet, le tisserand et Lécuyer, le vigneron.

Pour Balzac, il était rayonnant. Sa signature, apposée au bas de l'acte notarié, témoigne des jouissances suprêmes que le grand homme ressentit à cette heure. Ce n'est pas une signature, c'est une fanfare. Je lis *Hosannah* aussi bien qu'*H. de Balzac* dans ce paraphe triomphant.

III

Pour pénétrer dans l'esprit des artistes, il faut être artiste soi-même et s'appliquer le mot de Gœthe, quelque ambitieux qu'il puisse paraître : « *Tu ressembles à celui que tu comprends.* »

J'entrevois un point de vue raisonnable dans les singulières clauses de l'achat des terrains de Varlet.

Cet argent, que Balzac jetait à fonds absolument perdus dans la poche du paysan, était mieux placé peut-être que le vulgaire ne se l'imagine.

Varlet occupait dans l'échelle des êtres une place relativement peu élevée. Sa signature indique un caractère médiocre :

elle fait penser aux médailles romaines vulgaires, que les archéologues négligent en raison de leur trop grande abondance sur le sol gaulois. Et pourtant ce paysan sans relief a été métamorphosé dans le cabinet du notaire comme par la baguette d'un enchanteur. Balzac lui a infiltré l'intelligence particulière que communique la passion du gain.

Varlet, à juste titre, trouve insensé l'acquéreur de son terrain ; peut-être le plaint-il. Il ne se doute pas qu'à l'heure où il a posé sa signature timide en regard de la griffe enthousiaste du romancier, c'est lui, Varlet, qui ne s'appartient plus, et qui, devenu serf de son acheteur, aurait aussi bien fait de vendre son âme au diable.

En prenant possession de son terrain, Balzac a pétri et modelé Varlet à sa fantaisie. D'un villageois sommaire il a fait un paysan compliqué. Il a suffi au romancier de souffler dans l'oreille du tisserand ces paroles dévorantes : *Varlet me tient et me vendra fort cher le lopin de terre que je lui abandonne, si j'en ai besoin plus tard.*

Je sens bien que les gens rangés, les bourgeois économes, les chercheurs de petits bénéfices admettront difficilement l'explication que je donne de la conduite de Balzac dans cette affaire. Ce n'est pas là, en effet, ce que les faiseurs appellent une *affaire*, commercialement parlant.

Mais les artistes ont leur logique à eux. Quel est le peintre qui ne dépense pas quelques mille francs de frais de modèles par an ?

Balzac se payait un modèle à l'heure, à la journée, jusqu'à ce qu'il en eût assez.

Tout en bâtissant sa petite maison des Jardies, à chaque tournée qu'il faisait dans son domaine, Balzac était certain de trouver son vendeur au premier plan. Il eût engagé Varlet en qualité de dieu Terme dans son jardin, il l'eût fait couier en plâtre qu'il ne l'eût pas trouvé plus fidèle à son poste.

Le tisserand guettait ce « toqué » de bourgeois. Balzac observait son modèle naïf. Les pensées de Varlet étaient d'argent, sa parole était d'or. Sa tête, son maintien, ses regards, ses finasseries, ses tours et ses détours de langage pour persuader Balzac de la nécessité d'acheter la parcelle de terrain dont il avait fait cadeau si gratuitement à son vendeur, valaient des sacrifices qui ne coûtent rien à un artiste.

La comédie dura un an, et dans ce lopin de terre que le romancier avait laissé en appât, comme le chasseur de lions qui attache une innocente chèvre pour être dévorée, Balzac trouva une mine d'observations qui le payèrent bien au delà de ce qu'il en attendait.

Ce ne fut pas tout. Les Jardies attenaient à diverses propriétés, comme on le voit dans le plan ci-dessus. Balzac les acheta une à une et dut subir les exigences des paysans qui les possédaient.

IV

Dans *Mercadet*, l'air est obscurci par une sombre nuée de créanciers récalcitrants, quémandeurs, féroces, impératifs : la dette est traitée par le dramaturge avec une variété de tons et de nuances qui ne sont pas plus de fantaisie que les comptes d'apothicaire du *Malade imaginaire.*

Tous ces gens, armés de papier timbré, avaient poursuivi Balzac dans la vie parisienne : il se donna une autre comédie à la campagne, d'être pourchassé avec fracas par de gros sabots. Pendant trois ou quatre ans, Balzac s'en donna à cœur joie et entassa croquis sur croquis de blouses et de bonnets de coton.

Les créanciers parisiens dépistés revinrent à Ville-d'Avray, prirent des hypothèques sur la propriété et finalement la saisirent.

Ils ne pouvaient s'emparer des richesses de détails que Balzac avait accumulées dans son cerveau.

Sur six actes de divers achats de terrains destinés à arrondir les Jardies, le premier est le plus intéressant, et Balzac avait raison de dire à Me Ménager qu'on viendrait un jour consulter sa signature.

Celles qui suivent n'ont pas le même jet enthousiaste : le propriétaire est blasé.

H. de Balzac

Sa folie de terrains a éclaté immense au premier coup ; il a assez des paysans.

Au risque d'atténuer la fantaisie de ce petit drame, je dois donner une idée de l'importance du terrain et des sommes qu'y enfouit Balzac. L'ensemble représentait soixante-deux perches, suivant la mesure en usage alors à Sèvres, soit un peu plus de vingt-et-un ares. Le terrain, moins les constructions, avait coûté 8,013 fr.

Une misère pour les auteurs dramatiques d'aujourd'hui, qui gagnent pareille somme en huit soirées.

Il faut tenir compte, pour expliquer cette expérimentation en petit, de la gêne de l'homme, de la guerre de trente ans qu'il entreprit contre la fortune. Son enjeu était dérisoire, quand un fonds considérable de réserve est indispensable dans la bataille de la vie intellectuelle.

Qu'importe ! Avec cette médiocre mise de fonds, Balzac imposa sa personnalité, sa méthode, et fit de grandes choses. Je vois tant d'écrivains qui, possédant tant de moyens puissants pour imprimer une direction aux masses, se traînent lâchement à la suite du public, ne croient jamais assez l'abâtardir et aboutissent à de si médiocres résultats.

On vante communément les hommes comblés par le succès, on évalue les produits qu'ils tirent chaque jour de leur plume. Balzac, pourchassé par les créanciers, traqué dans les Jardies, dut plus d'une fois se demander combien, après sa mort, il gagnerait dans l'opinion.

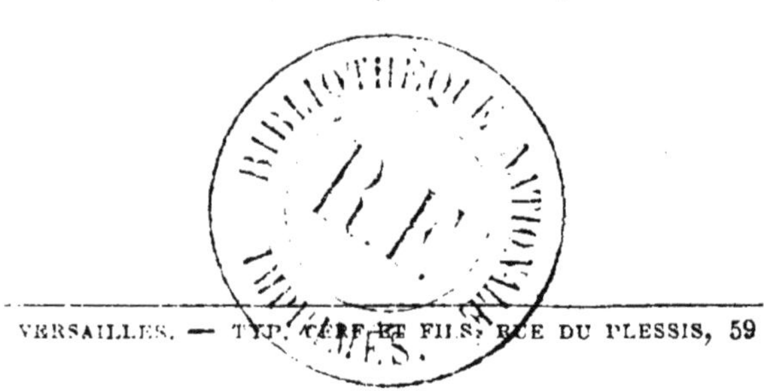

VERSAILLES. — TYP. CERF ET FILS, RUE DU PLESSIS, 59

www.ingramcontent.com/pod-product-compliance
Ingram Content Group UK Ltd.
Pitfield, Milton Keynes, MK11 3LW, UK
UKHW022319170726
13837UKWH00005BA/2074

9 782329 597669